改訂版 私立・国立

小学校入試類似問題集

比較

Shinga-kai

A

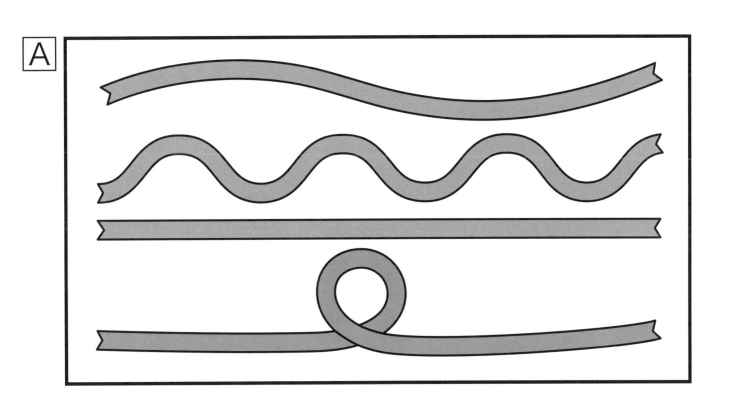

B

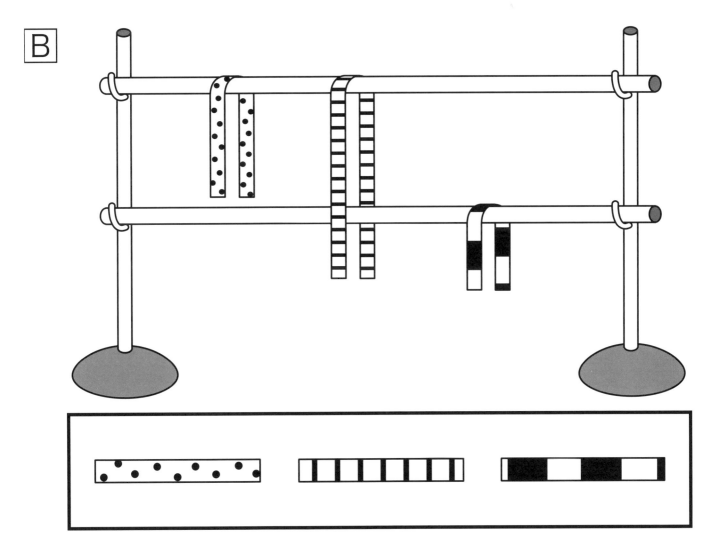

A

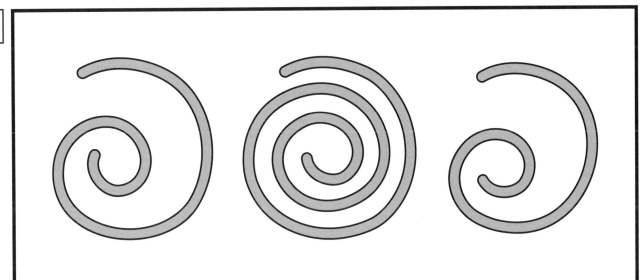

B

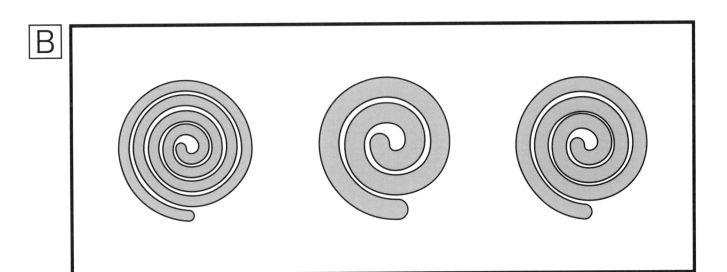

C

Ⓐ

Ⓑ

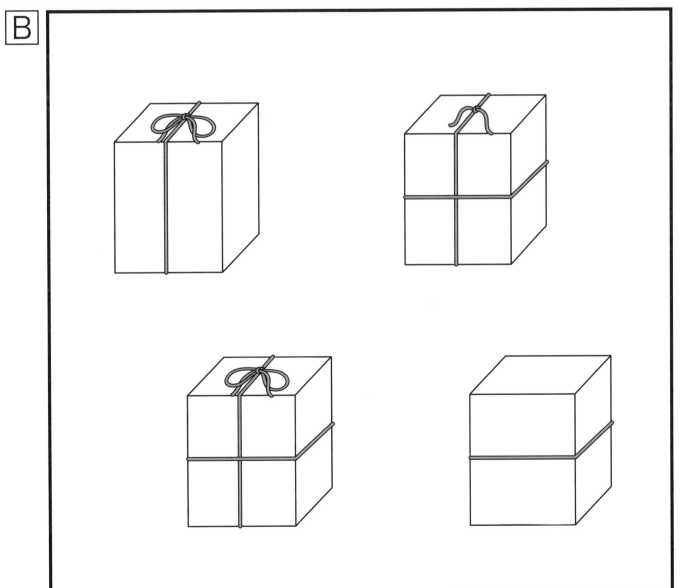

5 長さ⑤

A 12秒 B 20秒 C 20秒

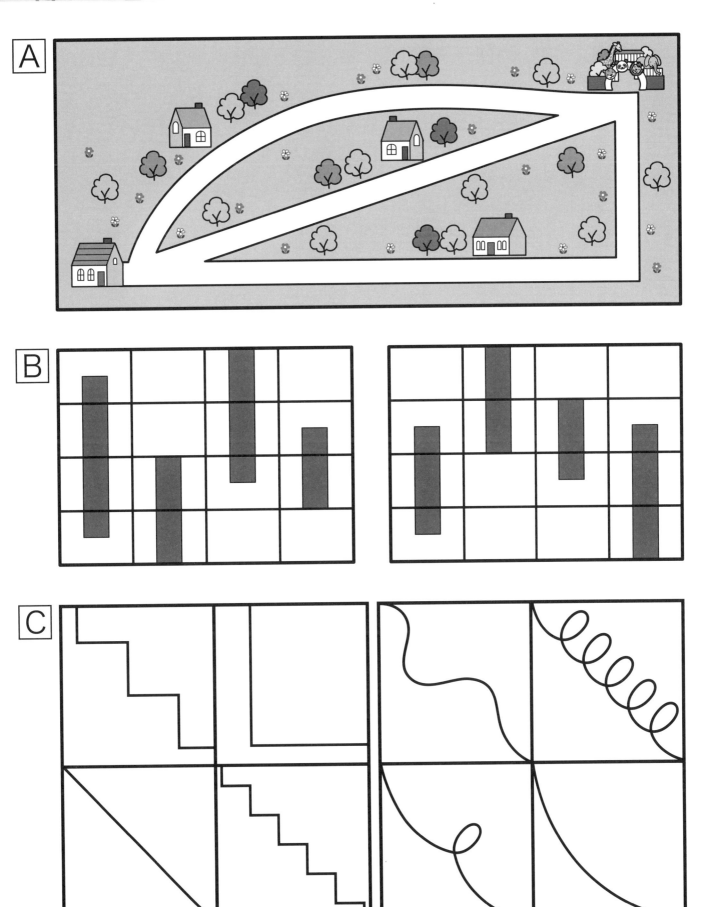

1分30秒

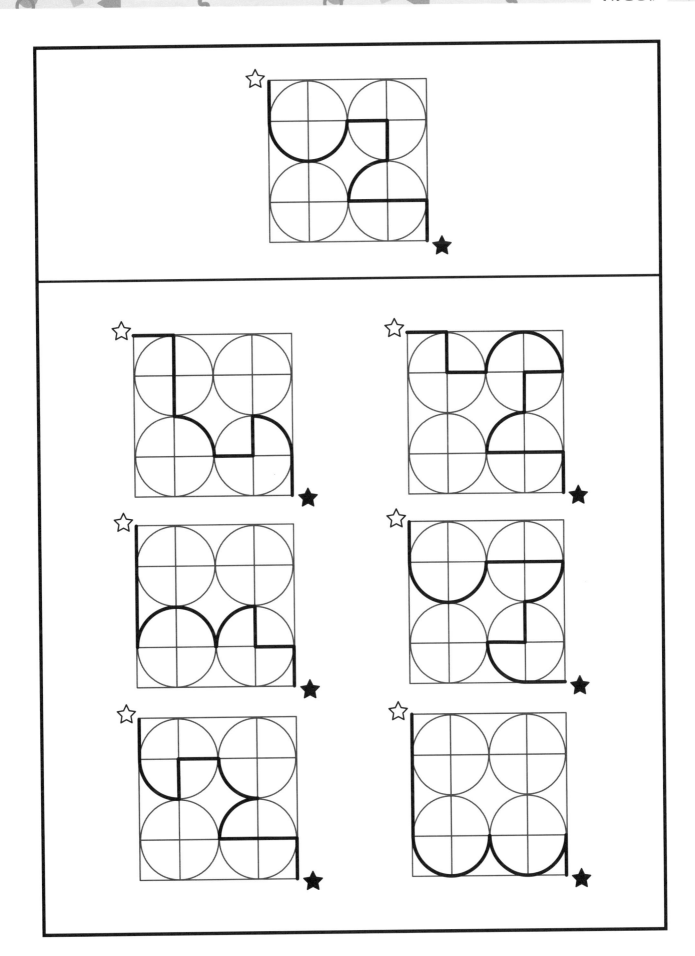

A

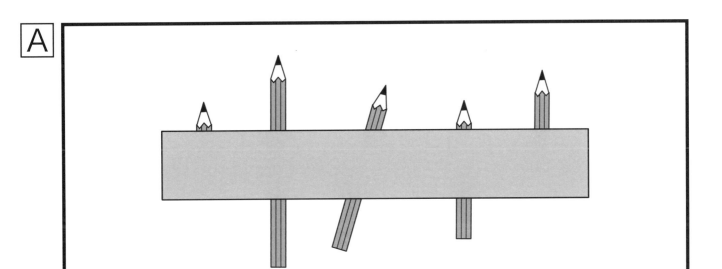

B

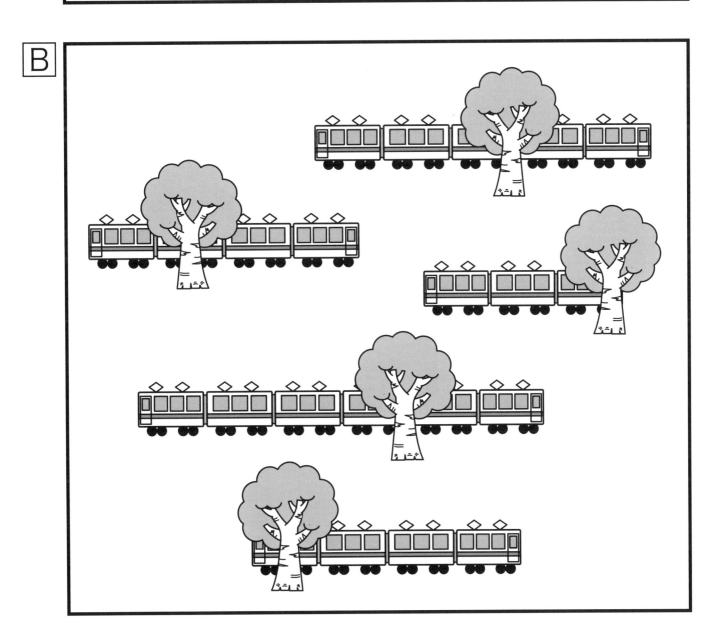

A

B

C

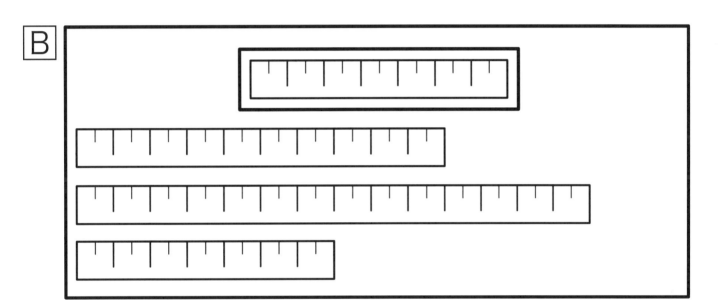

Ⓐ

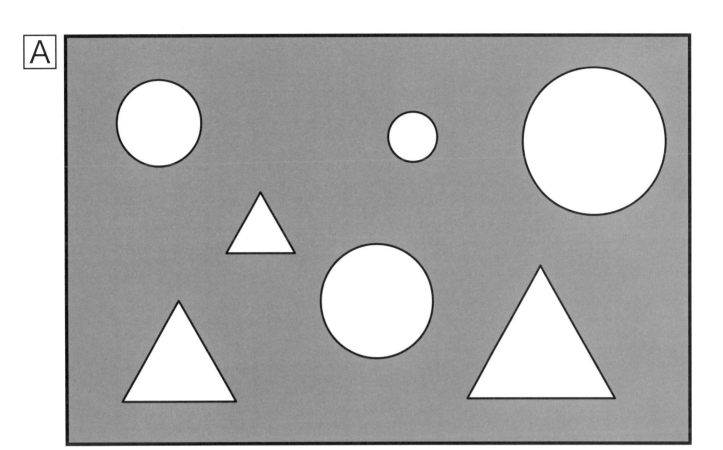

Ⓑ

1分30秒

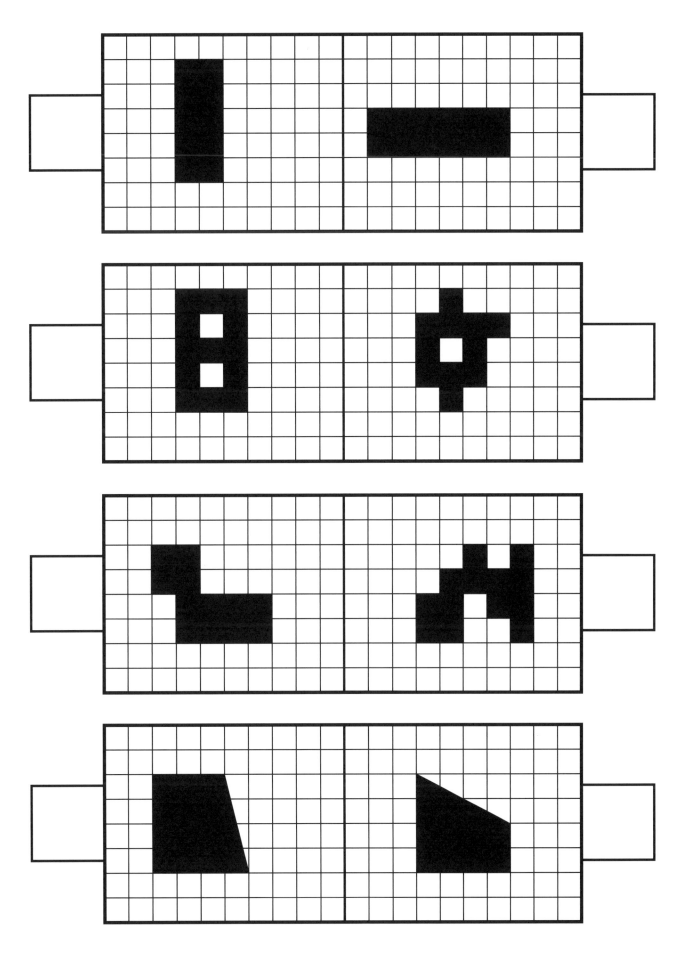

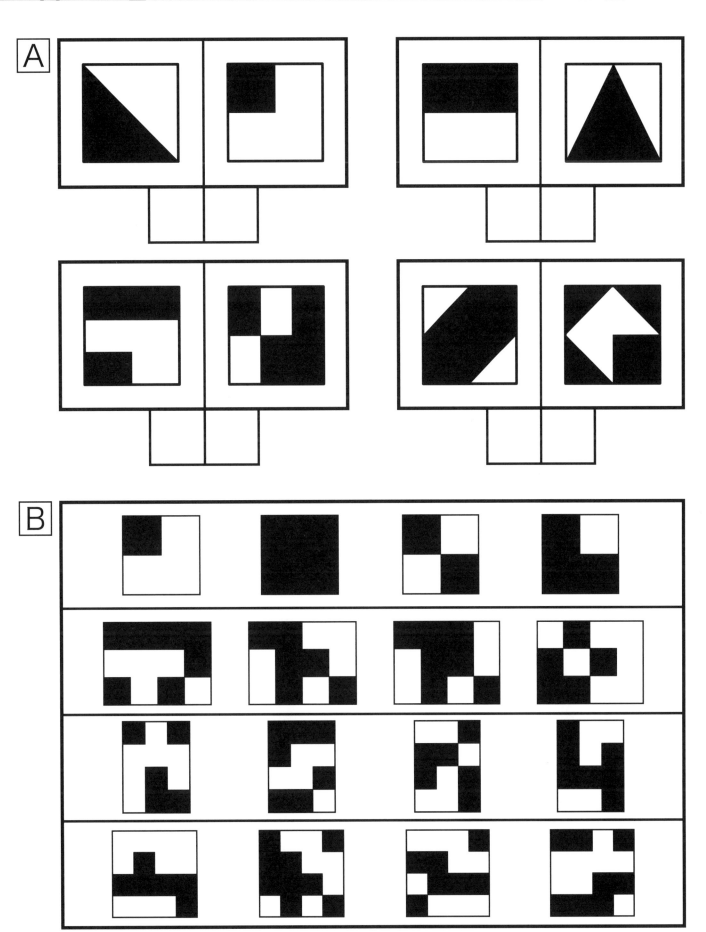

25

1分30秒

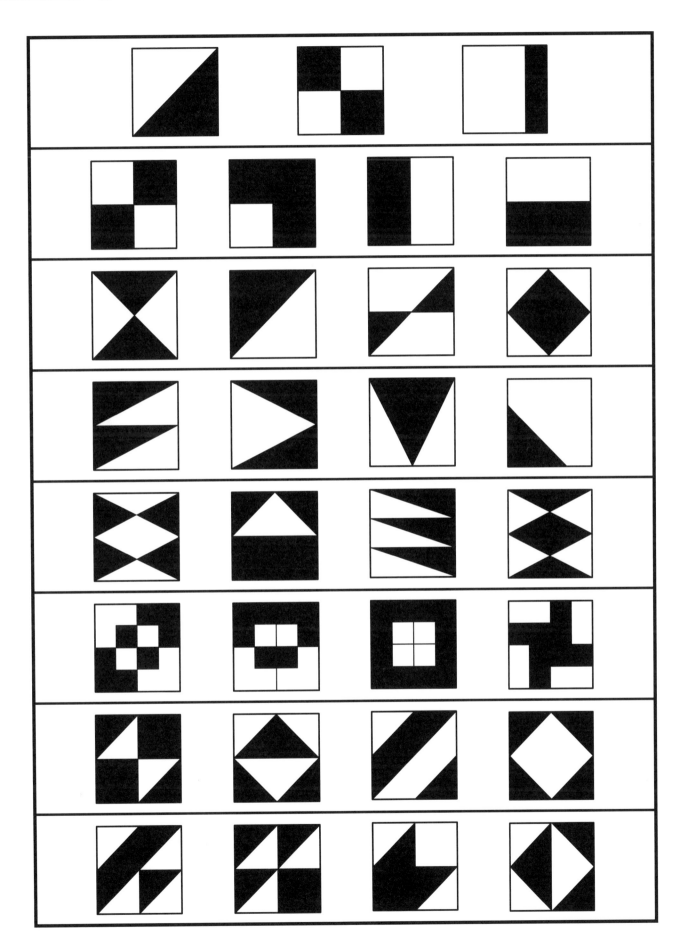

Ⓐ

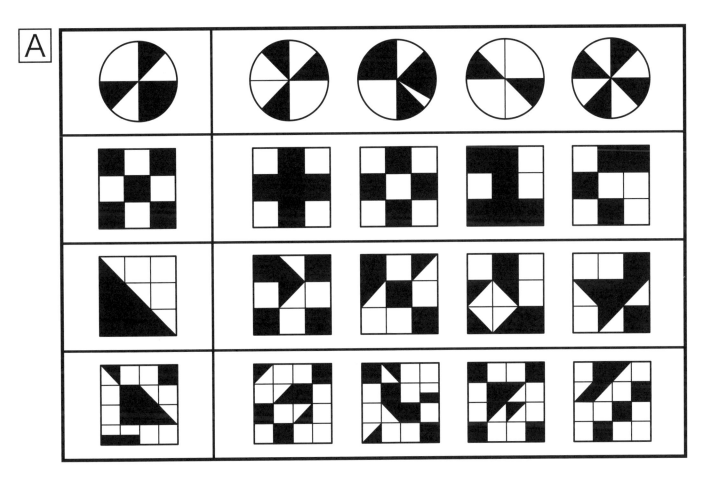

Ⓑ

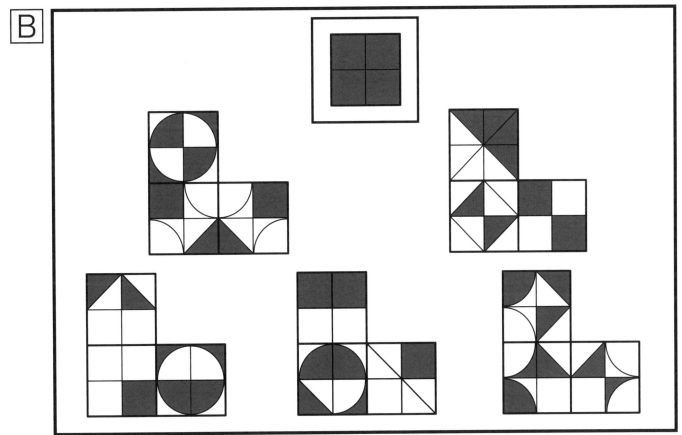

A 20秒　B 45秒

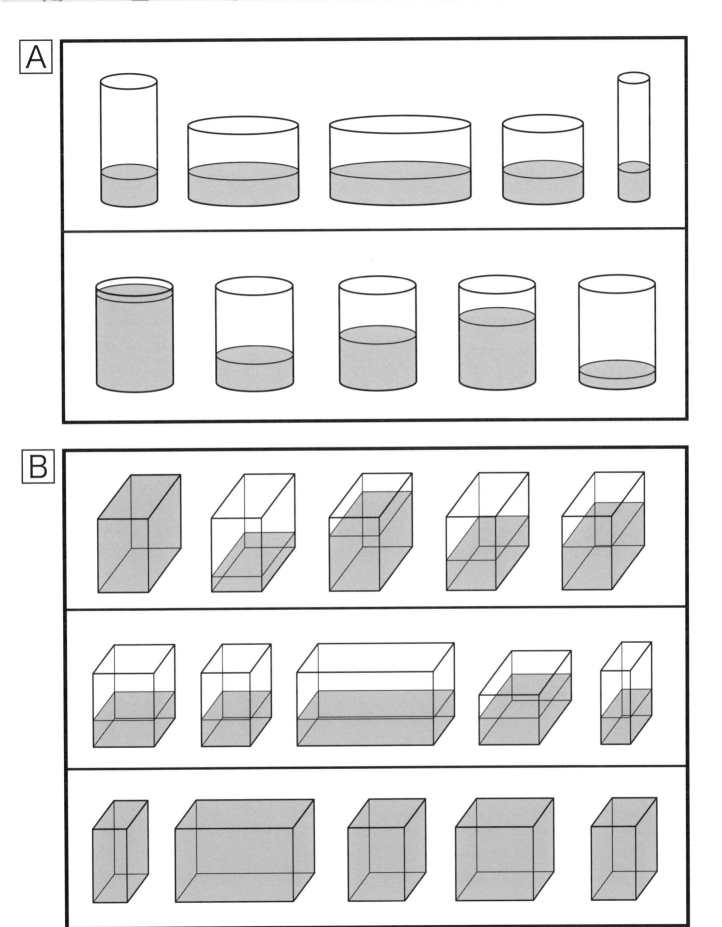

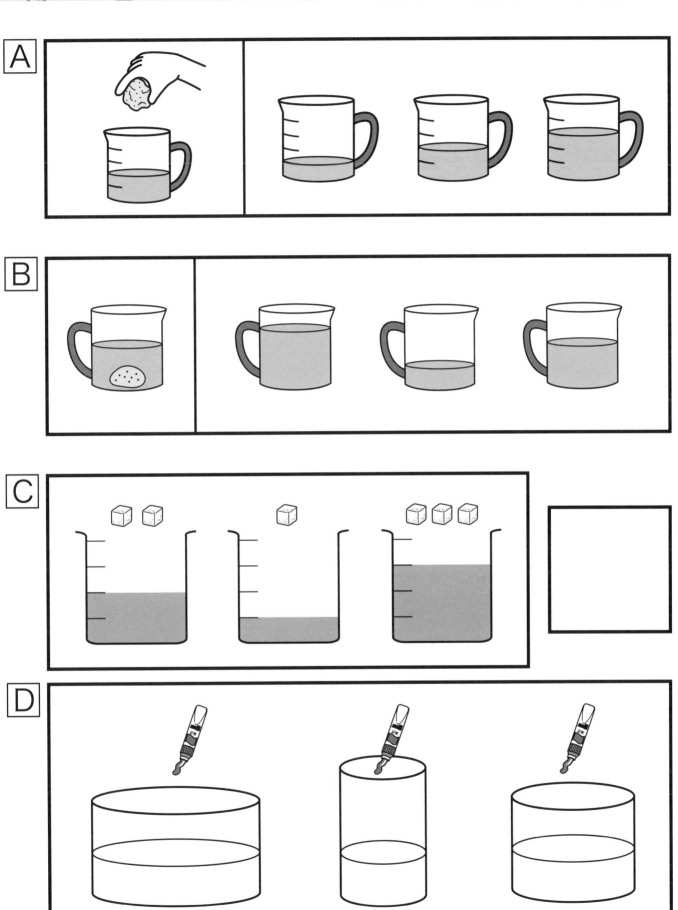

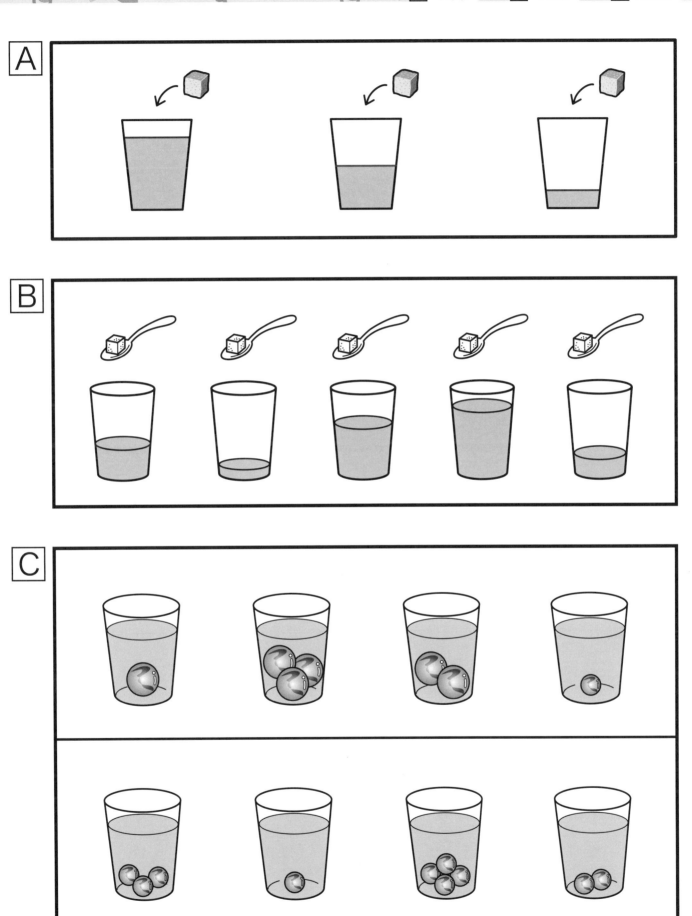

A

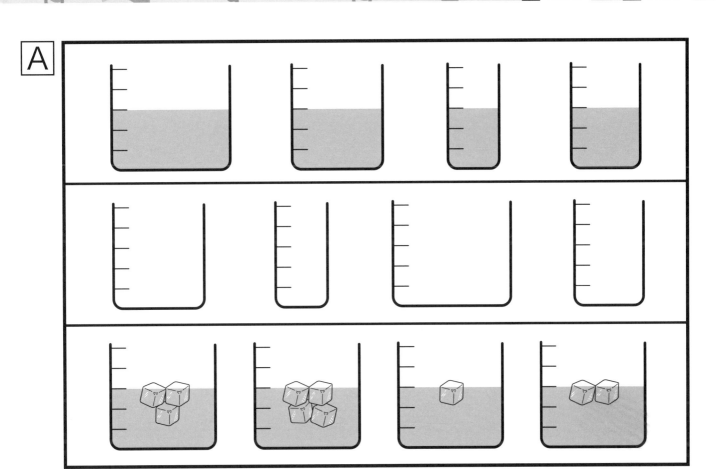

B

Ⓐ

Ⓑ

Ⓒ

A 30秒　B 20秒

A

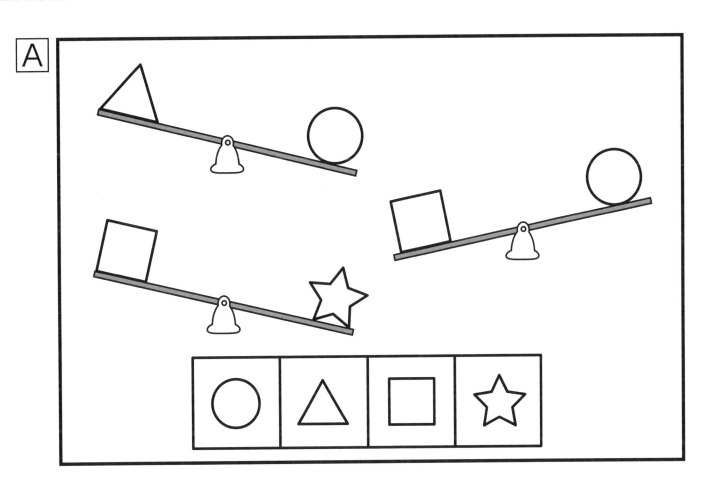

B

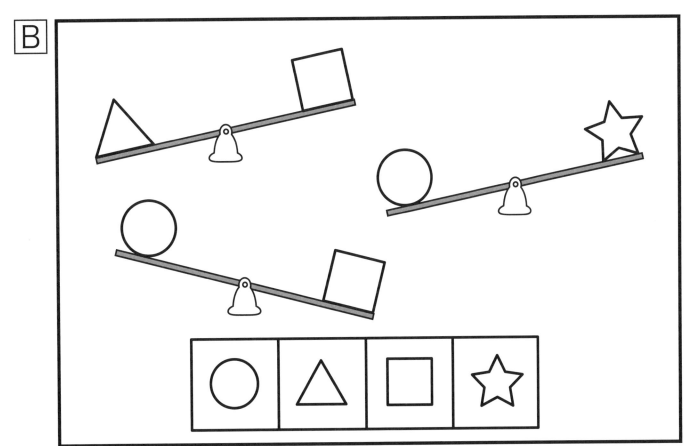

A 45秒 B 45秒

A

B

Ⓐ

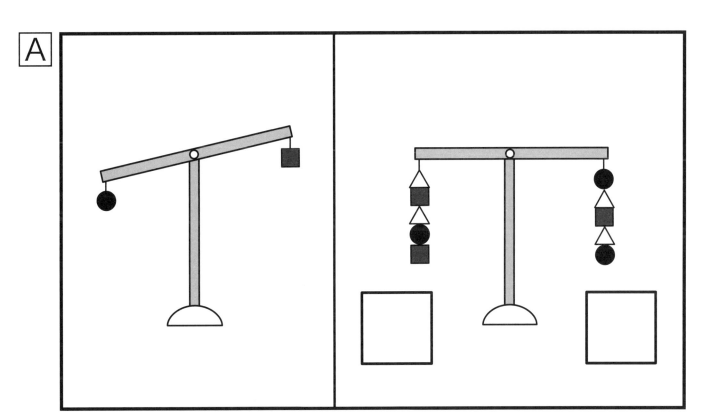

Ⓑ

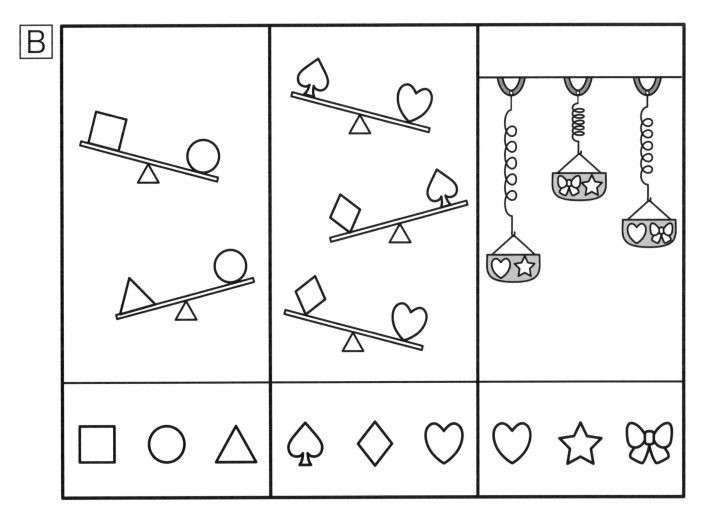

Ａ

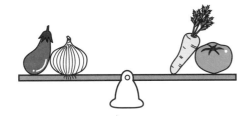
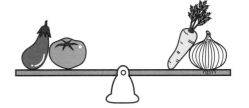

Ｂ

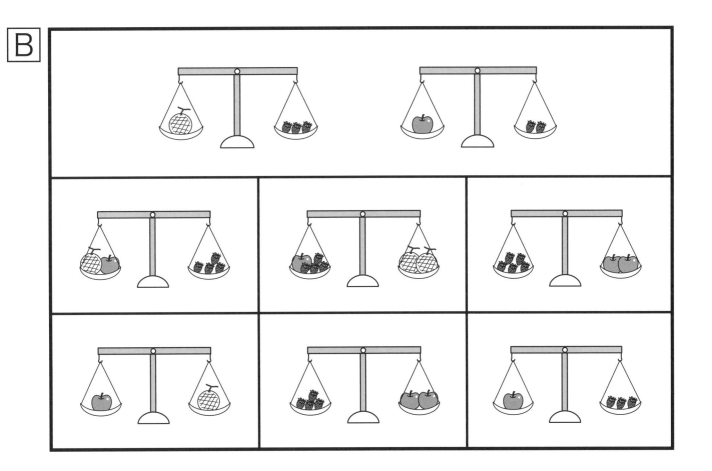

A

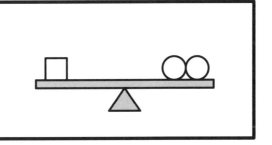

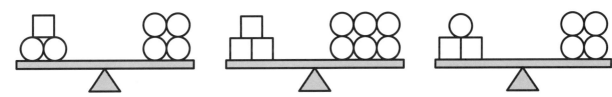

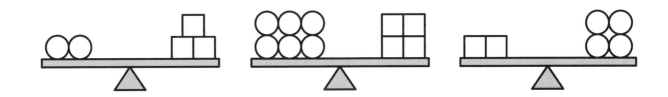

B

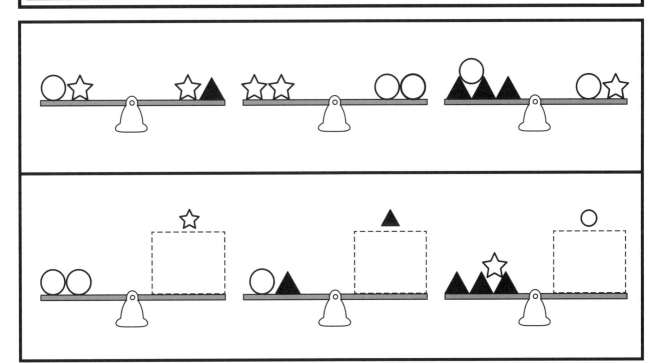

A 1分　B 1分20秒

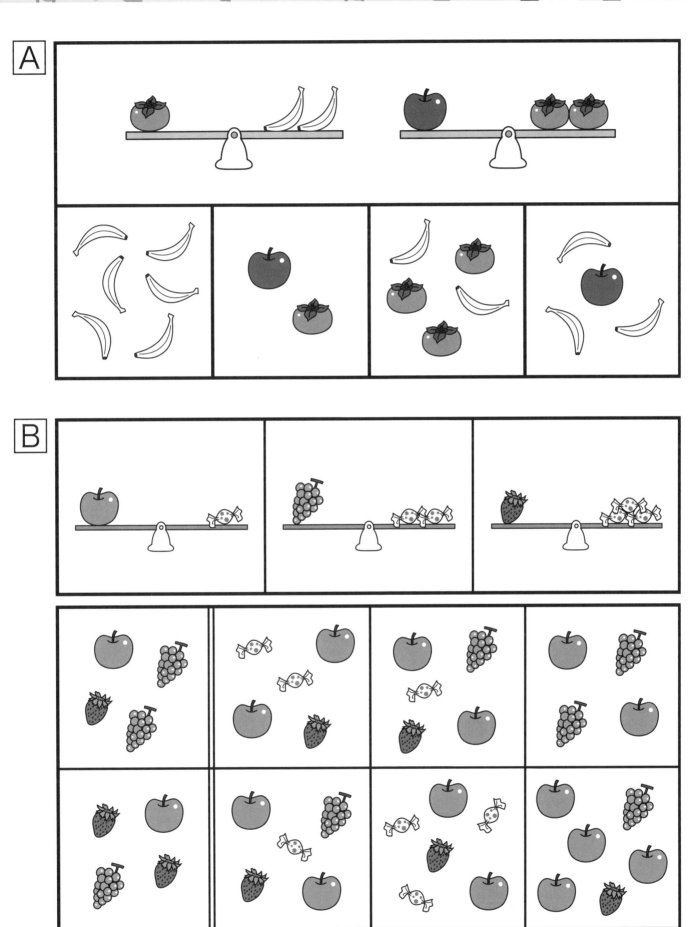

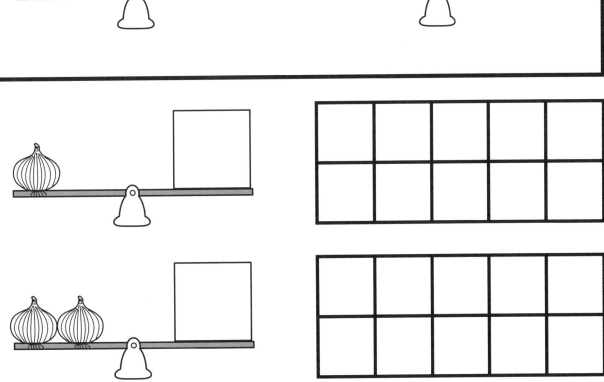

A

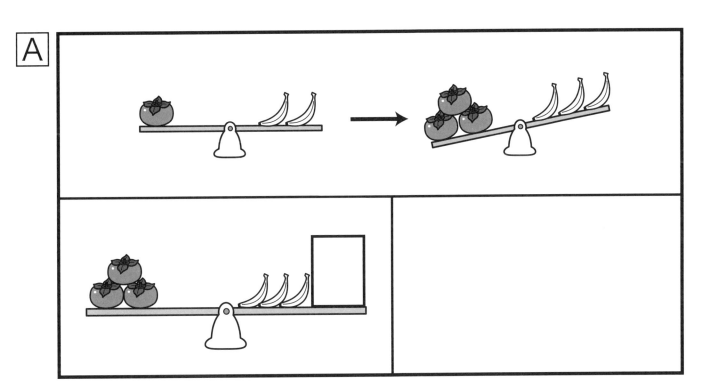

B

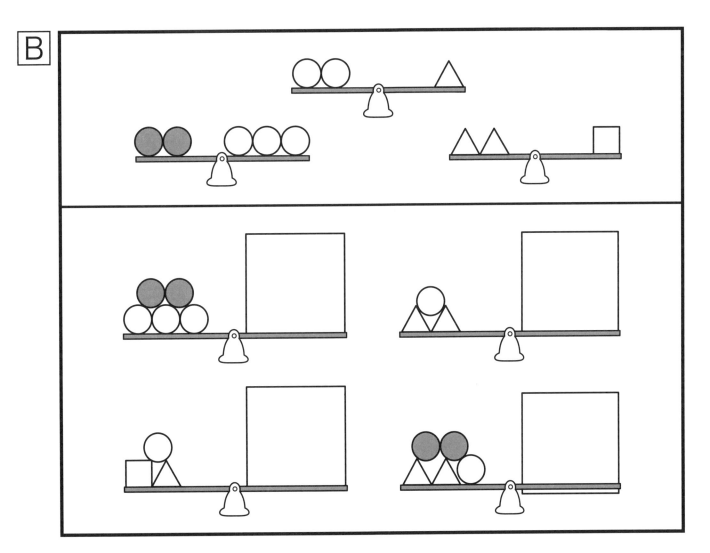

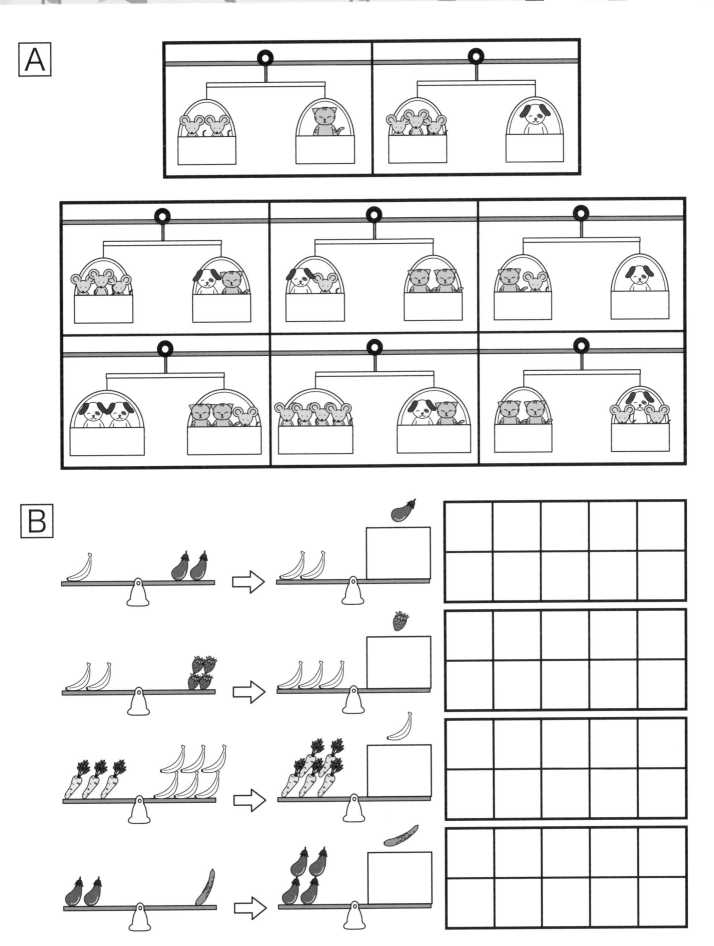

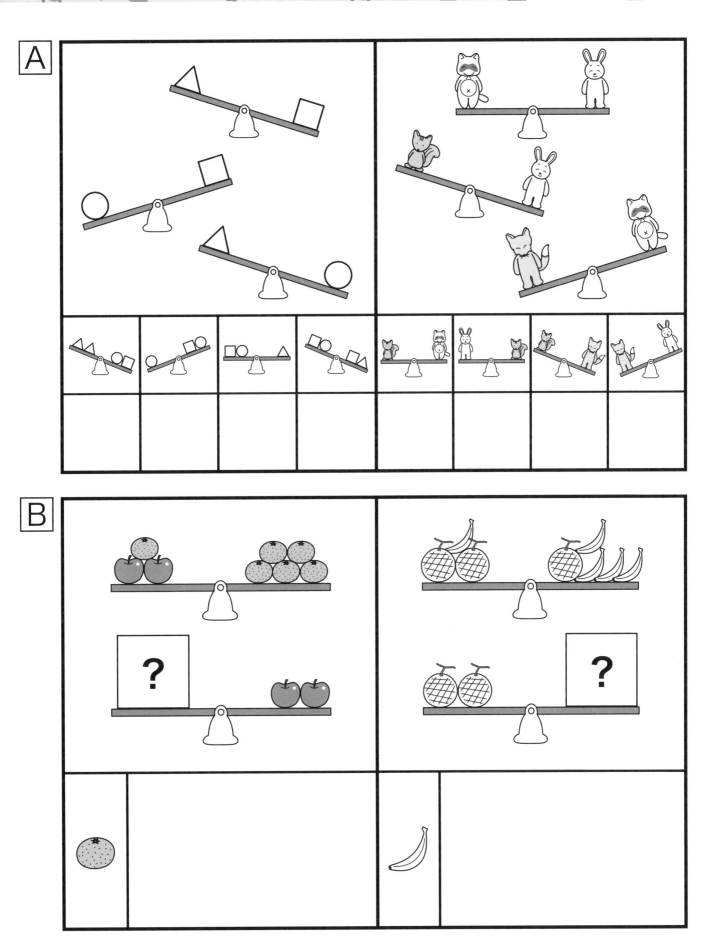

1分

私立・国立
小学校入試類似問題集
比較

問題・解答例

　「比較」は、軽い・重い、長い・短い、大きい・小さい、多い・少ないなどを比べる問題です。それぞれ２つ以上のものを比べますが、幼児の日常生活と深いかかわりがあり、物事を注意深く見る力、考える力を培う大切な問題です。ものを比べる問題といっても、単純に考え、直感に頼った早急な解き方だけを求めるものではありません。お子さんが問題をよく考えて、理解できたときの充実感を味わえるようにすることや、なぜそう思ったのかを説明できる力をつけることも大切なポイントです。十分に時間をかけ、ゆとりを持って取り組むようにしましょう。

●保護者へのアドバイス

　「比較」の問題でわからないときは、内容によっては身近な実物を活用して理解に結びつけられることがあります。たとえば、鉛筆の長さ、ジュースの量、親子の足の速さなどです。また３つ以上を比べるときには、「２番目に大きなもの、３番目に小さいもの」というように順番を正しく理解する力も大切になってきます。積み木などを大きい順、小さい順に並べ、遊びの感覚で学習するとよいでしょう。比較する対象が増えるとそれだけ複雑になるので、焦らず１つずつ比較して、正しく比べられるようにしていきましょう。

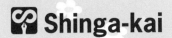 Shinga-kai

1 長さ① ★★★

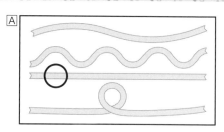

A
●長さの違うリボンが 4 本あります。一番短いリボンに○をつけましょう。

B
●リボンが棒にかかっています。一番長いものに○、一番短いものに×をつけましょう。印は下の絵の同じ模様につけてください。

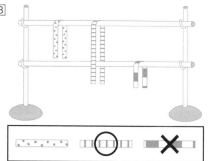

時間	1回目	2回目	3回目
A	/12秒	/10秒	/8秒

時間	1回目	2回目	3回目
B	/15秒	/12秒	/10秒

---

2 長さ② ★★★

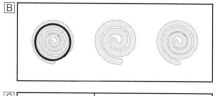

A
●一番長いひもに○をつけましょう。

B
●一番長いひもに○をつけましょう。

C
●左と右の四角で、それぞれ一番長いひもに○をつけましょう。

時間	1回目	2回目	3回目
A	/12秒	/10秒	/8秒

時間	1回目	2回目	3回目
B	/15秒	/12秒	/10秒

時間	1回目	2回目	3回目
C	/20秒	/15秒	/12秒

---

3 長さ③ ★★★

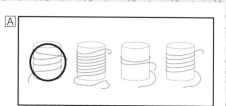

A
●同じ太さの筒にひもを巻きました。巻いたひもが 2 番目に短いものはどれですか。その筒に○をつけましょう。

B
●プレゼントの箱にひもをかけて結んであります。一番長いひもに○、2 番目に長いひもに△をつけましょう。

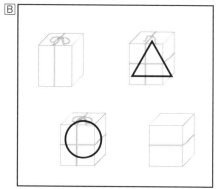

時間	1回目	2回目	3回目
A	/20秒	/15秒	/12秒

時間	1回目	2回目	3回目
B	/25秒	/20秒	/15秒

4 長さ④ ★★★

●四角の中に、マス目が2つずつあります。マス目にかかれた太い線が長い方の
マス目に○をつけましょう。

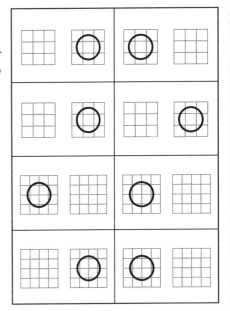

時間	1回目	2回目	3回目
	／1分50秒	／1分40秒	／1分30秒

5 長さ⑤ ★★★

Ａ
●たろう君が左下のお家から動物園まで出かけます。2番目に早く着く道に○を
つけましょう。

Ｂ
●長さ比べをしました。一番長いものに○、一番短いものに△をつけましょう。
左も右もやりましょう。

Ｃ
●4つの四角の中にかかれた線のうち、一番長いものを選んで○をつけましょう。
左も右もやりましょう。

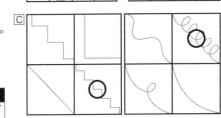

Ａ 時間	1回目	2回目	3回目
	／20秒	／15秒	／12秒

Ｂ 時間	1回目	2回目	3回目
	／30秒	／25秒	／20秒

Ｃ 時間	1回目	2回目	3回目
	／30秒	／25秒	／20秒

6 長さ⑥ ★★★

●上の四角の中がお手本です。白い星から黒い星まで、線の上を進みます。上の
お手本よりも進む道が長いものを、下から選んで○をつけましょう。

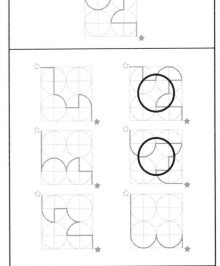

時間	1回目	2回目	3回目
	／1分50秒	／1分40秒	／1分30秒

7　長さ⑦　　　★★★

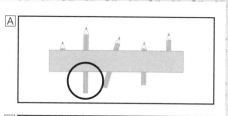

A

●鉛筆が5本あります。一番長いものに○をつけましょう。

B

●電車の中で、一番長いものに○、一番短いものに△をつけましょう。

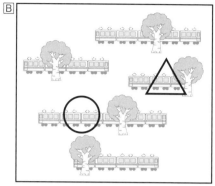

A 時間	1回目	2回目	3回目
	/20秒	/15秒	/12秒

B 時間	1回目	2回目	3回目
	/30秒	/25秒	/20秒

8　長さ⑧　　　★★★

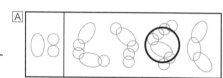

A

●左端の形をつないで、右側の形を作りました。右側のうち、一番長いものに○をつけましょう。

B

●上にある定規を2本つないだ長さのものを、下から選んで○をつけましょう。

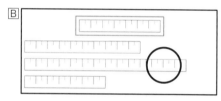

C

●同じ色のテープ同士をつなげていったとき、2番目に長くなるテープの色はどれですか。下から選んで○をつけましょう。

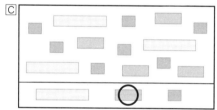

A 時間	1回目	2回目	3回目
	/20秒	/18秒	/15秒

B 時間	1回目	2回目	3回目
	/40秒	/35秒	/30秒

C 時間	1回目	2回目	3回目
	/40秒	/35秒	/30秒

9　広さ①　　　★★★

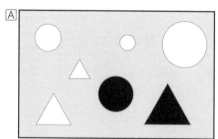

A

●2番目に大きい丸と、3番目に小さい三角を、きれいに塗りましょう。

B

●マス目の中に、黒く塗ったところがいくつかあります。黒いところが一番広いものに○をつけましょう。

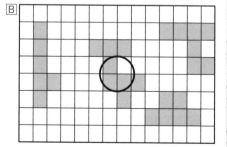

A 時間	1回目	2回目	3回目
	/40秒	/35秒	/30秒

B 時間	1回目	2回目	3回目
	/40秒	/35秒	/30秒

10 広さ② ★★★

●マス目が2つ並んでいます。黒く塗られているところが広いのは、左と右のどちらですか。広い方のマス目の横にある四角に○をかきましょう。

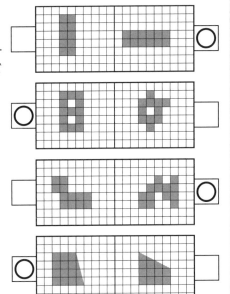

	1回目	2回目	3回目
時間	／1分50秒	／1分40秒	／1分30秒

11 広さ③ ★★★

A
●白と黒に塗り分けられた形が2つ並んでいます。黒いところが広いのは、左と右のどちらですか。広い方の絵の下にある四角に○をかきましょう。広さが同じときは、両方の四角に○をかいてください。

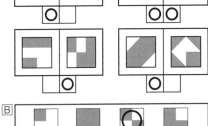

B
●それぞれの段で、白いところと黒いところが同じ広さの四角を選んで○をつけましょう。

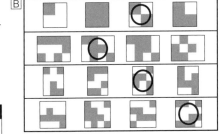

A	1回目	2回目	3回目
時間	／1分20秒	／1分10秒	／1分

B	1回目	2回目	3回目
時間	／1分50秒	／1分40秒	／1分30秒

12 広さ④ ★★★

●白と黒に塗り分けられた形があります。それぞれの段で、白いところと黒いところの広さが同じものを見つけて○をつけましょう。

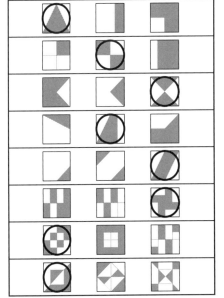

	1回目	2回目	3回目
時間	／1分50秒	／1分40秒	／1分30秒

13 広さ⑤　　　★★★

●白と黒に塗り分けられた形があります。それぞれの段で、白いところと黒いところの広さが違うものを見つけて○をつけましょう。

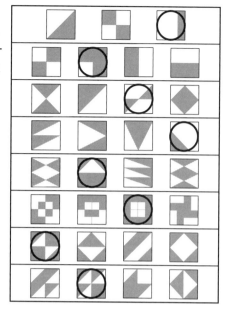

時間	1回目	2回目	3回目
	/1分50秒	/1分40秒	/1分30秒

14 広さ⑥　　　★★★

A
●左端がお手本です。右側の4つの形のうち、黒いところを合わせた広さがお手本の黒いところを合わせた広さと同じになるものはどれですか。その形に○をつけましょう。

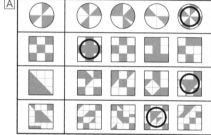

B
●上の四角の中のお手本は、小さな黒い真四角4個でできています。このお手本と、黒いところが同じ広さのものに○をつけましょう。

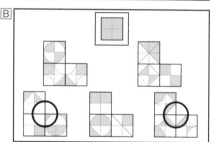

A 時間	1回目	2回目	3回目
	/1分50秒	/1分40秒	/1分30秒

B 時間	1回目	2回目	3回目
	/1分50秒	/1分40秒	/1分30秒

15 水の量①　　　★★★

A
●いろいろな大きさの入れ物に水が入っています。水が一番たくさん入っている入れ物に○をつけましょう。

B
●それぞれの段で、水の量が2番目に多いものに○、3番目に少ないものに△をつけましょう。

A 時間	1回目	2回目	3回目
	/30秒	/25秒	/20秒

B 時間	1回目	2回目	3回目
	/1分	/50秒	/45秒

16 水の量②　★★★

A

●左端のコップに石を1つ入れると、水の高さはどのようになりますか。右側から選んで○をつけましょう。

B

●左端のコップに入った石を取ると、水の高さはどのようになりますか。右側から選んで○をつけましょう。

C

●同じ大きさの入れ物3つに、それぞれすぐ上の角砂糖を入れると、甘さはどのようになりますか。どれも同じ甘さなら○、違う甘さなら×を、右の四角にかきましょう。

D

●3つの入れ物に同じ分だけ赤い絵の具を入れたとき、赤い色が一番濃くなるものに○をつけましょう。

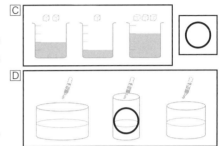

A	1回目	2回目	3回目
時間	15秒	12秒	10秒

B	1回目	2回目	3回目
時間	15秒	12秒	10秒

C	1回目	2回目	3回目
時間	15秒	12秒	10秒

D	1回目	2回目	3回目
時間	15秒	12秒	10秒

17 水の量③　★★★

A

●同じ大きさのコップに絵のように水が入っています。同じ大きさの角砂糖を1つずつ入れたとき、水が一番甘くなるコップに○をつけましょう。

B

●同じ大きさのコップに絵のように水が入っています。同じ大きさの角砂糖を1つずつ入れたとき、水が一番甘くなるコップに○、2番目に甘くないコップに△をつけましょう。

C

●同じ大きさのコップに絵のようにビー玉が入っています。ビー玉を全部取り出したとき、水が一番多いコップに○、一番少ないコップに△をつけましょう。上も下もやりましょう。

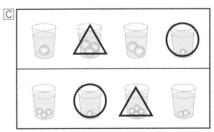

A	1回目	2回目	3回目
時間	15秒	12秒	10秒

B	1回目	2回目	3回目
時間	20秒	15秒	12秒

C	1回目	2回目	3回目
時間	30秒	25秒	20秒

18 水の量④

★★★

A

●上の段です。水の量が一番多いものに○、一番少ないものに△をつけましょう。

●真ん中の段です。それぞれの入れ物に水をいっぱいまで入れたとき、2番目に多く入る入れ物に○をつけましょう。

●下の段です。氷を入れる前の水の量が一番多いものに○、一番少ないものに△をつけましょう。

B

●上の段です。水と氷が入ったコップがあります。しばらくすると、コップの水はどのようになりますか。正しい絵に○をつけましょう。

●冷たい水が入ったコップがあります。しばらくすると、コップはどのようになりますか。正しい絵に○をつけましょう。

●石にひもをつけて、水が入ったコップに沈めました。ひもを引っ張って石を取り出すと、水の高さはどのようになりますか。正しい絵に○をつけましょう。

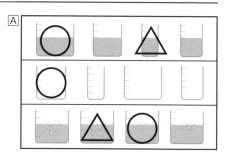

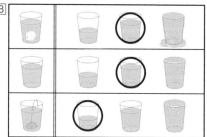

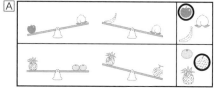

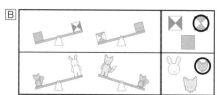

A各	1回目	2回目	3回目
時間	/40秒	/35秒	/30秒

B各	1回目	2回目	3回目
時間	/40秒	/35秒	/30秒

19 重さ①

★★★

A

●重さ比べをしました。一番重い果物を右から選んで○をつけましょう。

B

●重さ比べをしました。一番重いものを右から選んで○をつけましょう。

C

●重さ比べをしました。2番目に重い動物を右から選んで○をつけましょう。

A	1回目	2回目	3回目
時間	/30秒	/25秒	/20秒

B	1回目	2回目	3回目
時間	/40秒	/35秒	/30秒

C	1回目	2回目	3回目
時間	/1分	/50秒	/40秒

20 重さ②   ★★★

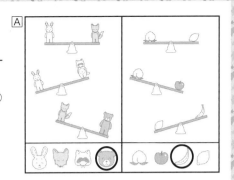

A

●重さ比べをしました。左は一番重いもの、右は一番軽いものを下から選んで○をつけましょう。

B

●重さ比べをしました。一番重い動物を下から選んで○をつけましょう。

A	1回目	2回目	3回目		B	1回目	2回目	3回目
時間	/40秒	/35秒	/30秒		時間	/30秒	/25秒	/20秒

---

21 重さ③   ★★★

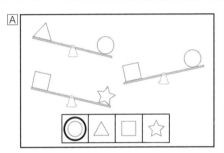

A

●重さ比べをしました。2番目に軽いものを下から選んで○をつけましょう。

B

●重さ比べをしました。2番目に重いものを下から選んで○をつけましょう。

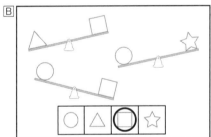

A	1回目	2回目	3回目		B	1回目	2回目	3回目
時間	/1分	/50秒	/40秒		時間	/1分	/50秒	/40秒

---

22 重さ④   ★★★

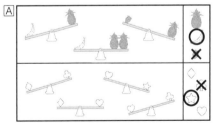

A

●重さ比べをしました。一番重いものに○、一番軽いものに×を、右から選んでつけましょう。

B

●重さ比べをしました。一番重い動物に○、一番軽い動物に△を、右から選んでつけましょう。

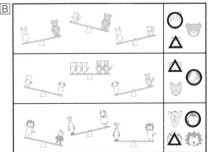

A	1回目	2回目	3回目		B	1回目	2回目	3回目
時間	/1分	/50秒	/45秒		時間	/1分	/50秒	/45秒

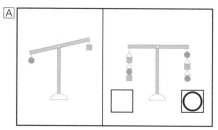

23 重さ⑤ ★★★

A

● 3種類の重りを使って重さ比べをします。丸と四角の重りを天秤に下げると、左のようになりました。では右のように重りを下げたとき、どちらが下がりますか。下がるほうの四角に○をかきましょう。

B

●重さ比べをしました。一番重いものを下から選んで○をつけましょう。

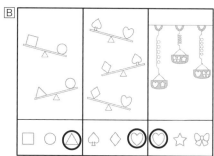

A 時間	1回目	2回目	3回目
	／40秒	／35秒	／30秒

B 時間	1回目	2回目	3回目
	／1分	／50秒	／45秒

24 重さ⑥ ★★★

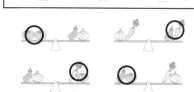

A

●上の四角がお手本です。このお約束のとき、下の4つのシーソーで下がるほうに○をつけましょう。

B

●上の段がお手本です。このお約束のとき、右側が下がる天秤を下から2つ選んで○をつけましょう。

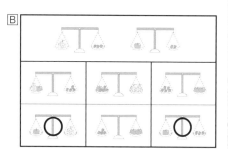

A 時間	1回目	2回目	3回目
	／1分20秒	／1分10秒	／1分

B 時間	1回目	2回目	3回目
	／1分20秒	／1分10秒	／1分

25 重さ⑦ ★★★

●左側がお手本です。このお約束のとき、右のシーソーの様子で正しいものに○をつけましょう。

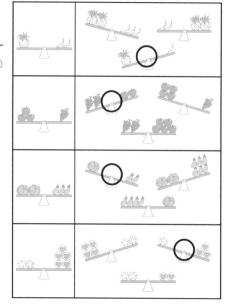

時間	1回目	2回目	3回目
	／1分50秒	／1分40秒	／1分30秒

26 重さ⑧

A
●上の四角がお手本です。このお約束のとき、下のシーソーの様子で正しいものに○をつけましょう。

B
●二重四角の中がお手本です。このお約束のとき、次の段のシーソーで下がるほうに○をつけましょう。つり合うときは、真ん中に○をつけてください。
●同じお約束のとき、一番下の段のシーソーがつり合うには、点線の四角の上にあるものをいくつ載せるとよいですか。その数だけ、点線の中に○をかきましょう。

A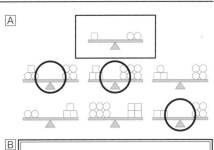

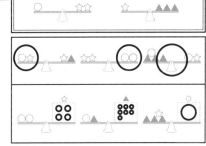

B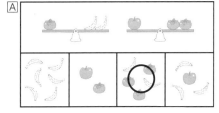

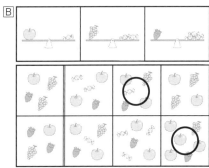

A	1回目	2回目	3回目
時間	/1分	/50秒	/45秒

B	1回目	2回目	3回目
時間	/1分20秒	/1分10秒	/1分

27 重さ⑨

★★★

A
●上の段がお手本です。では、下の段です。4つの四角のうち、中の果物を全部合わせると一番重くなる四角に○をつけましょう。

B
●上の段がお手本です。では、下の2段です。左端の四角とつり合うものを右の3つの四角から選んで、○をつけましょう。

A

B

A	1回目	2回目	3回目
時間	/1分20秒	/1分10秒	/1分

B	1回目	2回目	3回目
時間	/1分40秒	/1分30秒	/1分20秒

28 重さ⑩ ★★★

A

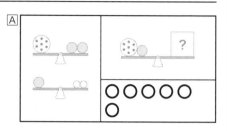

●左がお手本です。このお約束のとき、右上のシーソーがつり合うには、右側に白い小さい玉をいくつ載せるとよいですか。その数だけ、下の長四角に〇をかきましょう。

B

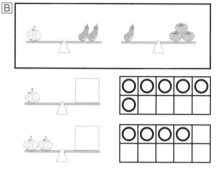

●上の四角がお手本です。このお約束のとき、タマネギ1個はトマト何個とつり合いますか。その数だけ、右のマス目に1つずつ〇をかきましょう。

●同じお約束のとき、タマネギ2個はナス何個とつり合いますか。その数だけ、右のマス目に1つずつ〇をかきましょう。

A	1回目	2回目	3回目
時間	1分	50秒	40秒

B	1回目	2回目	3回目
時間	1分	50秒	45秒

29 重さ⑪ ★★★

A

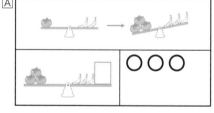

●上の四角です。矢印の左のようにつり合っているシーソーに、矢印の右のようにカキとバナナを足すと、カキが載っている方が下がりました。シーソーがつり合うには、あといくつバナナを増やすとよいですか。その数だけ、右の四角に〇をかきましょう。

B

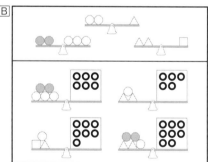

●上の四角がお手本です。このお約束のとき、下のシーソーがつり合うには、シーソーの右側に白い丸をいくつ載せるとよいですか。その数だけ、四角に〇をかきましょう。

A	1回目	2回目	3回目
時間	40秒	35秒	30秒

B	1回目	2回目	3回目
時間	1分20秒	1分10秒	1分

30 重さ⑫ ★★★

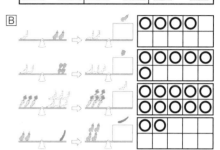

A

●上の四角がお手本です。このお約束のとき、正しい様子の絵を下から選んで○をつけましょう。

B

●矢印の左側がお手本です。このお約束のとき、シーソーの右側に四角の上に描かれたものを何個載せるとつり合いますか。その数だけ、横のマス目に1つずつ○をかきましょう。

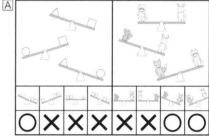

A	1回目	2回目	3回目		B	1回目	2回目	3回目
時間	1分20秒	1分10秒	1分		時間	1分50秒	1分40秒	1分30秒

31 重さ⑬ ★★★

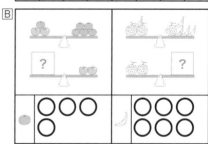

A

●上の四角がお約束です。このお約束のとき、下のシーソーの様子で正しいものに○、間違っているものに×を、すぐ下の四角にかきましょう。

B

●上のシーソーがお手本です。このお約束のとき、下のシーソーがつり合うには、クエスチョンマークのところにすぐ下の左に描かれた果物をいくつ載せるとつり合いますか。その数だけ、右の四角に○をかきましょう。

A	1回目	2回目	3回目		B	1回目	2回目	3回目
時間	1分50秒	1分40秒	1分30秒		時間	1分20秒	1分10秒	1分

32 重さ⑭ ★★★

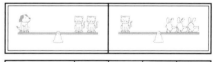

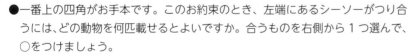
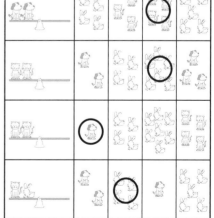

●一番上の四角がお手本です。このお約束のとき、左端にあるシーソーがつり合うには、どの動物を何匹載せるとよいですか。合うものを右側から1つ選んで、○をつけましょう。

	1回目	2回目	3回目
時間	1分20秒	1分10秒	1分

MEMO